COLLECTION DE M. W***

COLLECTION DE M. W***

MACON, PROTAT FRÈRES, IMPRIMEURS

CATALOGUE

D'UNE COLLECTION

DE

MONNAIES ROMAINES

OR, ARGENT ET BRONZE

PROVENANT DES COLLECTIONS DE M. W***

Dont la Vente aux Enchères publiques aura lieu

HOTEL DES COMMISSAIRES PRISEURS

RUE DROUOT, N° 9, SALLE N° 4

Au premier étage

Le Jeudi 31 Mars et le Vendredi 1er Avril 1892, à 2 heures très précises

Par le ministère de Me DELESTRE, Commissaire Priseur, rue Drouot, n° 27

Assisté de MM. ROLLIN et FEUARDENT, Experts, rue de Louvois, n° 4

EXPOSITION PUBLIQUE

Le 31 mars, de midi à 2 heures, et chez les Experts, 4, rue de Louvois, les 28, 29 et 30 mars, de 1 heure à 5 heures.

PARIS — 1892

CONDITIONS DE LA VENTE

Elle est faite au comptant.

Les acquéreurs paieront cinq pour cent en sus des enchères, applicables aux frais.

MM. ROLLIN et FEUARDENT se chargent de remplir les commissions des personnes qui ne pourraient y assister, moyennant cinq pour cent.

RÉPUBLIQUE ROMAINE

MONNAIES ROMANO-CAMPANIENNES

1. Tête de Mars, barbu, à g. — ℟. ROMANO. Buste de cheval. — Tête de Mars imberbe, à droite. — ℟. ROMA. Buste de cheval. B. *Deux pièces.* Æ.
2. Deux deniers avec la tête de Janus ; et un denier avec, au revers : Rome assise. *Trois pièces.* Æ.
3. Monnaies de bronze de la même époque. *Cinq pièces.* B.

INCERTAINES

4. Sept deniers et deux victoriats avec ou sans symboles, et un sesterce. *Dix pièces.* Æ.

MONNAIES AVEC NOM DE FAMILLE

5. **Aburia**, (1)[1]. B. — (6). B. — **Acilia**, (4), (8). *Quatre pièces.* Æ.
6. **Aelia**. Tête de la déesse Rome, à dr., coiffée du casque ailé et surmonté d'une tête d'aigle ; derrière, X. ℟. C. AL. ROMA. Les Dioscures, galopant à dr. (2). B Æ.
7. **Aelia**, (3), (4). — **Aemilia**, (7), (10). B. — **Afrania**, (1). B. *Cinq pièces.* Æ.

1. Les numéros cités sont ceux de l'ouvrage de M. E. Babelon, *Monnaies de la République romaine*, 2 volumes, in-8°. Paris, Rollin et Feuardent, 1885-1886.

8. **Annia**, (3). B. — **Antestia**, (9). B. — **Antia** (2). *Fruste* **Antonia**, (1). B. — **Appuleia**, (1). B. *Cinq pièces.* Æ.

9. **Aquilia**, (1). B. — (2). T.B. — **Atilia**, (9). B. — **Aurelia**, (19). B. — (21). B. *Quatre pièces.* Æ.

10. **Axia**. NASO. Tête de Mars. — ℞. L. AXSIVS. L. F. Diane dans un bige de cerfs. (1). B. Æ.

11. **Baebia**. Tête de la déesse Rome. — ℞. TAMP. ROMA. Les Dioscures galopant à dr. (1). B. Æ.

12. **Baebia**, (12). B. — **Caecilia**, (21), (28). B. — (30). B. — (38), (43). *Six pièces.* Æ.

13. **Caecilia**, (44), (45). B. — (47). *Trois pièces.* Æ.

14. **Caecilia** (ou Eppia). Q. METELL. SCIPIO IMP. Tête de l'Afrique, à droite, etc. — ℞. EPPIVS LEG. F. C. Hercule, debout, etc. (50). B. Æ.

15. **Caesia**, (1). B. — **Calidia**, (1). — **Calpurnia**, (5). B. — (12), 2 variétés. B. — (13). *Six pièces.* Æ.

16. **Carisia**, (2), (3). B. — (10). **Cassia**, (1). B. — (4). B. — (6). B. *Six pièces.* Æ.

17. **Cassia**, (7). B. — (10). B. — **Cipia**, (1). — **Claudia**, (1). — (5). B. — (17). B. *Sept pièces.* Æ.

18. **Cloulia**, (1), (2). — **Coelia**, (2). B. — (3). B. — **Considia**, (1). B. *Cinq pièces.* Æ.

19. **Cordia**, (1). B. — (4). — **Cornelia**, (1), (19), (24). B. *Cinq pièces.* Æ.

20. **Cornelia**, (25). B. — (33), (50), (51), (54). B. (55). B. — (63). *Sept pièces.* Æ.

21. **Cornelia**. Tête de Jupiter, à dr. ℞. L. LENTVLVS. MAR. COS. Diane d'Ephèse. (66). *Pièce fourrée.* Æ.

22. **Cosconia**, (1). — **Cossutia**. — ℞. L. COSSVTI. C. F. Bellérophon monté sur Pégase. (1). *Deux pièces.* Æ.

23. **Crepusia**, (1). B. — **Critonia**, (1). *Trois pièces.* Æ.

24. **Cupienna**, (1). — **Curiatia**, (1). T.B. — **Curtia**, (2). — **Decimia**, (1). *Quatre pièces.* Æ.

25. **Didia**. — ℞. T. DIDI. IMP. VIL. PVB. Monument à deux étages, (1). T.B. — **Didia**. — ℞. T. DEIDI. Didius frap

pant avec un fouet un esclave qui se défend avec l'épée et le bouclier. (2). B. *Deux pièces.* Ꞧ.

26. **Domitia**, (7), (14). B. — **Egnatia**. — Ꞧ. C. EGNATIVS CN. F. CN. N. Temple distyle, dans lequel sont les statues de Jupiter et de la Liberté. (3). *Trois pièces.* Ꞧ.

27. **Egnatuleia**, (1). — **Fabia**, (1). B. — **Farsuleia**, (2). B. **Flaminia**, (1). — **Fonteia**, (1), (9). B. — (17). *Sept pièces.* Ꞧ.

28. **Fufia**, (1). B. — **Fundania**, (1). — **Fulvia**, (1). *Trois pièces.* Ꞧ.

29. **Furia**, (13). B. — (18). B. — (23). B. — **Gellia**, (1). B. — **Herennia**, (1). *Cinq pièces.* Ꞧ.

30. **Hosidia**, (1). T.B. — **Hostilia**, (4). B. — (5). — **Junia**, (3). B. — (5). B. *Six pièces.* Ꞧ.

31. **Junia**, (8). — (15). B. — (30). B. — (31). B. — **Licinia**, (7). *Cinq pièces.* Ꞧ.

32. **Licinia**, (16). B. — (24). — **Livineia**, (9). B. — (11). B. — (13). B. *Cinq pièces.* Ꞧ.

33. **Lollia**. HONORIS. Tête de l'Honneur, à dr. — Ꞧ. PALIKANVS. Chaise curule entre deux épis. (1). Ꞧ.

34. **Lucilia**, (1). — **Lucretia**, (1). — **Lutatia**, (2). **Maenia**, (7). B. — **Maiania**, (1). *Cinq pièces.* Ꞧ.

35. **Mallia**, (1). B. — (2). B. — **Mamilia**, (6). — **Manlia**, (2). B. — (3). B. — (7). B. *Six pièces.* Ꞧ.

36. **Manlia**, (12). — **Marcia**, (1). — (8), (11). B. — (12). B. *Cinq pièces.* Ꞧ.

37. **Marcia**, (18). T.B. — (24). T.B. — (28). B. — **Maria**, (9). **Matiena**, (2). B. *Cinq pièces.* Ꞧ.

38. **Memmia**, (2). B. — (10). — **Minucia**, (3). B. — (15), (19). *Cinq pièces.* Ꞧ.

39. **Mussidia**, (6). B. — **Naevia**, (6). B. — **Nonia**, (1). T.B. — **Norbana**, (2). B. — **Opimia**, (12). *Cinq pièces.* Ꞧ.

40. **Opimia**, (16). B. — **Papia**, (1). — (3). — **Papiria**, (6). — **Petillia**, (3). *Cinq pièces.* Ꞧ.

41 **Pinaria**, (1). B. — (2). — **Plaetoria**, (3). B. — (4). B. — (5). *Cinq pièces.* Ꞧ,

42. **Plaetoria**, (6). — **Plancia**, (1). — **Plautia**, (11). T.B. — (13). — (14). B. *Cinq pièces.* Æ.

43. **Plutia**, (1). — **Poblicia**, (9). — **Pompeia**, (5). *Trois pièces.* Æ.

44. **Pomponia**. — ℞. NVM. POMPIL. Numa sacrifiant un bouc sur un autel. (6). B. — (14). *Deux pièces.* Æ.

45. **Porcia**, (1). — (4). - **Postumia**, (4). — (7). B. — (8). *Cinq pièces.* Æ.

46. **Postumia**, (9). B. — (10). — (11). — **Procilia**, (1) B. — (2). *Cinq pièces.* Æ.

47. **Quinctia**, (2). B. — **Renia**, (1). B. — **Roscia**, (1). B. — **Rubria**, (1). — **Rustia**, (1). B. *Cinq pièces.* Æ.

48. **Rutilia**, (1). — **Satriena**, (1). — **Saufeia**, (1). B. — **Scribonia**, (1). *Cinq pièces.* Æ.

49. **Sempronia**, (2). — **Sentia**, (1). — **Sergia**, (1). — **Servilia**, (1). B. — (15). B. *Cinq pièces.* Æ.

50. **Sicinia**, (1). — (5). B. — **Silia** (pièce incuse). — **Sulpicia**, (6). — **Terentia**, (10). *Cinq pièces.* Æ.

51. **Thoria**, (1). Deux variétés. — **Titia**, (1). B. — (2). — (3). B. *Quinaire.* *Cinq pièces.* Æ.

52. **Titinia**, (7). — **Tituria**, (3). B. — (4), (5). B. — **Trebania**, (1). *Cinq pièces.* Æ.

53. **Tullia**, (1). B. — **Valeria**, (17). — **Vargunteia**, (1). B. — **Vettia**, (1). — **Veturia**, (1). B. *Cinq pièces.* Æ.

54 **Vibia**, (1). B. — (3). B. — (16). B. — (18). B. *Deux variétés.* *Cinq pièces.* Æ.

55. **Vinicia**. Statue équestre d'Auguste. — ℞. Cippe portant une longue inscription : L. VINICIVS. L. F. III VIR. (3). Æ.

56. **Volteia**, (1). B. — (2). B. — (3). B. *Trois pièces* Æ. *et trois pièces de bronze.* *Six pièces.*

MONNAIES IMPÉRIALES[1]

POMPÉE

57. Denier de la famille **Poblicia**. (1). T.B. Æ.

58. Denier de la famille **Nasidia**. — ℞. Q. NASIDIVS. Galère allant à dr. (20). B. — et un denier. *Fruste*. (17). *Deux pièces*. Æ.

JULES CÉSAR

59. C. CAESAR COS. TER. Tête, à droite, de la Piété vieille et se rapprochant de celle de Jules César. — ℞. A. HIRTIVS PR. Bâton d'augure, vase à sacrifice et hache. (Cohen n° 3.) T.B. AV.

60. C. CAES. DIC. TER. Buste ailé de la Victoire à dr. — ℞. L. PLANC. PRAEF. VRB. Vase à sacrifice. (31). B. AV.

61. **Julia**. (4), (12), (13), (17), (49). *Cinq pièces*. B. Æ.

62. Deniers avec la tête laurée à dr. **Mettia**. (34). B. — **Sepullia**. (40). B. — **Voconia**. (45). *Fruste*. *Trois pièces*. Æ.

BRUTUS

63. ΚΟΣΩΝ. Brutus marchant à g. suivi de deux licteurs. — ℞. Aigle à g. tenant une couronne. T.B. AV.

CASSIUS

64. ℞. LENTVLVS SPINT. Vase à sacrifice et bâton d'augure. (5). Æ.

1. Les n°s cités et placés entre parenthèses sont ceux de l'ouvrage de H. Cohen, deuxième édition, Paris, Rollin et Feuardent. 1880-1888.

SEXTUS POMPÉE

65. Tête de Neptune. — ℟. Trophée naval. (1). **Æ.**

MARC ANTOINE

66. ℟. III. VIR. R. P. C. Tête radiée du soleil dans un temple à deux colonnes. (12). — Légions. (7), (28). B. (32), (33). B. *Six pièces.* **Æ**

67. Légions. (34), (35), (37). T.B. (38). *Quatre pièces.* **Æ.**

68. Légions. (39), (47), (48), (55), (57), (60). *Six pièces.* **Æ.**

MARC ANTOINE ET AUGUSTE

69. ANTONIVS IMP. Sa tête nue à dr. — ℟. CAESAR IMP. Tête nue et barbue d'Auguste, à dr. (5). B. **AV.**

70. N° (8). une B. *Deux pièces.* **Æ.**

AUGUSTE

71. CAESAR AVGVSTVS. Entre deux branches de laurier. — ℟. OB. CIVIS SERVATOS. Dans une couronne de chêne. (206). T.B. **AV.**

72. CAESARI AVGVSTO. Sa tête laurée à g. — ℟. S. P. Q. R. (à l'exergue.) Quadrige au pas, à dr., sur lequel on voit une aigle romaine et un petit quadrige. (271). B. **AV.**

73. (2) *fourrée.* — (14) *quinaire.* — (43). T.B. (44). IMP. Tête de Mars. — ℟. CAESAR. Bouclier rond. B. *Quatre pièces.* **Æ.**

74. ℟. CAESAR DIVI. F. La Paix debout à g. (69). T.B. — (70). — ℟. S. P. Q. R. PARENT. CONS. SVO. Aigle romaine, etc. (78). B. — (90). *Quatre pièces.* **Æ.**

75. AVGVR. PONTIF. Tête de Jupiter Ammon à dr. — ℟. IMP. CAESAR DIVI F. Victoire sur un globe à dr. (125). **Æ.**

76. Victoire. (115). — Arc de triomphe. (123). B. — Apollon actien. (144). B. — OB. CIVES SERVATOS. (208). *Quatre pièces.* **Æ.**

77. ℟. S. C. Aigle surmonté d'un trophée, entre deux enseignes militaires. (248). B. — **Caninia**. — ℟. Parthe présentant une enseigne militaire. (383). *Deux pièces.* **Æ.**

78. **Petronia**. Parthe à genoux. (484). — **Salvia**. — ℞. Q. SALVIVS IMP. COS. DESIG. Foudre ailé. (514). *Deux pièces*. R.

79. DIVVS AVGVSTVS PATER. Auguste assis à g. devant un autel. — ℞. TI CAESAR DIVI AVG. F. AVGVST. P. M. TR. POT. XXIIII. S. C. (309). T.B. G.B.

80. Moyen bronze de Lyon. — **Clovia**. — M.B. — et trois petits bronzes. *Cinq pièces*. B.

81. Petit bronze de Lyon. B. — et un moyen bronze de Nîmes. B. *Deux pièces*. B.

CAIUS CESAR

82. CAESAR. Tête nue, très jeune, à dr., le tout dans une couronne de chêne. — ℞. AVGVST. Grand candélabre dans une couronne composée de fleurs, de bucranes et de patères. (2). B. R

TIBÈRE

83. TI. CAESAR DIVI AVG. F. AVGVSTVS. Sa tête laurée à dr. — ℞. PONTIF. MAXIM. Livie assise à dr. tenant un sceptre et une fleur. (15). F.D.C. AV.

84. TI. CAESAR DIVI AVG. F. AVGVSTVS. Sa tête laurée à dr. ℞. TR. POT. XVII IMP. VII. Tibère dans un quadrige à dr., tenant un sceptre surmonté d'un aigle et un rameau. (47). F.D.C. AV.

85. TI. DIVI F. AVGVSTVS. Sa tête laurée à dr. — ℞. TR. POT. XX. Victoire assise à dr. sur un globe tenant un diadème. (50). *Quinaire*. T.B. AV.

86. Denier. (16). B. — DRVSVS. M.B. (2). T.B. — NERON DRVSVS. G.B. (8). B. *Trois pièces*. R. et B.

NÉRON DRUSUS

87. NERO CLAVDIVS DRVSVS GERMANICVS IMP. Sa tête laurée à g. — ℞. DE GERM. Arc de triomphe surmonté de deux trophées et de la statue équestre de Néron Drusus. (1). B. AV

ANTONIA

88. ANTONIA AVGVSTA. Son buste à dr. couronné d'épis. — ℟. SACERDOS DIVI AVGVSTI. Deux torches allumées, réunies par des bandelettes et une guirlande. (4). B. AV.

GERMANICUS

89. M.B. (5). B. — AGRIPPINE mère. — ℟. S. P. Q. R. MEMORIAE AGRIPPINAE. Carpentum, à g. G.B. (1). B. *Deux pièces.* B.

AGRIPPINE MÈRE ET CALIGULA

90. Denier. (2). AR.

CALIGULA

91. ℟. S. P. Q. R. OB CIVES SERVATOS. (24). G.B. — ℟. VESTA S. C. (27). M. B. B. *Deux pièces* B.

CALIGULA ET AUGUSTE

92. C. CAESAR AVG. GERM. P. M. TR. POT. Tête laurée de Caligula à dr. — ℟. DIVVS AVG. PATER PATRIAE. Tête radiée d'Auguste à dr. (1). T.B. AV.

92 bis. Denier. (11). AR.

CLAUDE

93. TI. CLAVD. CAESAR AVG. P. M. TR. P. VI. IMP. XI. Sa tête laurée à dr. — ℟. DE BRITANN. Sur un arc de triomphe surmonté d'une statue équestre à g. placée entre deux trophées. (17). B. AV.

94. DIVVS CLAVDIVS AVGVSTVS. Sa tête laurée à g — ℟. EX. S. C. Carpentum à dr. attelé de quatre chevaux; sur le char on voit deux Victoires, un quadrige et des bas-reliefs. (31). B. AV.

95. TI CLAVD. CAESAR AVG. P. M. TR. P. Sa tête laurée à dr. — ℟. IMPER RECEPT. écrit sur un camp préto-

rien, à la porte duquel est un soldat debout, près d'une enseigne militaire. (40). B. AV.

96. TI CLAVD. CAESAR AVG. P. M. TR. P. X. IMP. P. P. Sa tête laurée à dr. — ℞. PACI AVGVSTAE. La Paix avec les emblèmes de Némésis, marchant à dr. et tenant un caducée ; elle est précédée par un serpent. (66.) T.B. AV.

97. Denier. (68). — G. B. Trois variétés. *Quatre pièces.* AR. et B.

98. Deux moyens bronzes et trois petits bronzes. B. et T.B. *Cinq pièces.* B.

CLAUDE ET AGRIPPINE JEUNE

99. AGRIPPINAE AVGVSTAE. Buste d'Agrippine à dr. couronnée d'épis. — ℞. TI CLAVD CAESAR AVG. GERM. P. M. TRIB. POT. P. P. Tête laurée de Claude à dr. (3). B. AV.

100. Denier fourré.

AGRIPPINE ET NÉRON

101. NERO CLAVD. DIVI F. CAES. AVG. GERM. IMP. TR. P. COS. Tête nue de Néron et buste d'Agrippine accolés, à droite. — ℞. AGRIPP. AVG. DIVI CLAVD. NERONIS CAES. MATER EX. S. C. Auguste et Livie dans un quadrige d'éléphants, à g. (3). T.B. AV.

NÉRON

102. NERO CAESAR AVGVSTVS. Sa tête laurée, à dr. — ℞. IVPPITER CVSTOS. Jupiter assis, à gauche, tenant un foudre et un sceptre. (118). B. AV.

103. NERO CAESAR AVG. IMP. Sa tête nue, à droite. — ℞. PONTIF. MAX. TR. P. VII. COS. IIII P. P. EX. S. C. Cérès debout, à g., tenant deux épis avec un pavot et un flambeau. (217). B. AV.

104. ℞. AVGVSTVS. AVGVSTA. Auguste et Livie. (43). — Denier. — ℞. IVPITER CVSTOS. (121). Denier. — ℞. Rome debout. (220). Denier. B. *Trois pièces.* AR.

105. Le temple de Janus. (146). B. G.B. — Et deux autres. G.B. *Trois pièces.* B.

106. ℟. SECVRITAS AVGVSTI. La Sécurité assise. Moyen bronze. B. — Et six moyens et petits bronzes. *Sept pièces.* B.

GALBA

107. IMP. SER. GALBA CAESAR AVG. Son buste lauré et drapé, à dr. — ℟. SALVS GEN. HVMANI. Femme debout, à g., le pied posé sur un globe, tenant un gouver nail, et sacrifiant sur un autel allumé. (235). B. AV

108. IMP. SER. GALBA AVG. Sa tête nue, à dr. — ℟. S. P. Q. R. OB. C. S., dans une couronne de chêne. (286). B. AV.

109. IMP. Galba à cheval, levant la main droite. Denier. (97). AR.

110. Deux deniers et un quinaire, douteux. *Trois pièces.* AR.

111. PAX AVGVST. La Paix debout, à g. S. C., (151). T.B. M.B. — Plus un grand et un moyen bronze. *Trois pièces.* B.

OTHON

112. IMP. OTHO CAESAR AVG. TR. P. Sa tête nue, à dr. — ℟. SECVRITAS P. R. La Sécurité debout, à g., tenant une couronne et un sceptre. (14). T.B. AV.

113. ℟. SECVRITAS. La Sécurité debout, à g. Denier. *Deux pièces.* AR.

VITELLIUS

114. A. VITELLIVS. GERM. IMP. AVG. TR. P. Sa tête laurée, à dr. — ℟. L. VITELLIVS COS. III. CENSOR. Vitellius père assis, à g., tenant un rameau et un sceptre surmonté d'un aigle. (54). AV.

115. ℟. XV. VIR. SACR. FAC. Trépied; dessus, un dauphin; dans l'intérieur, un corbeau. (III). Denier. T.B. AR. Et un moyen bronze. CERES AVG. (5). B. *Deux pièces.* AR. B.

VESPASIEN

116. IMP. CAES. VESP. AVG. CEN. Sa tête laurée, à dr. — ℟.

VESTA. Temple rond, à quatre colonnes; au milieu et de chaque côté, une statue. (578). B. Æ.

117. IMP. CAESAR. VESPASIANVS. AVG. Sa tête laurée, à dr. — ℞. PAX AVGVST. La Paix assise, à g., tenant une branche d'olivier et un sceptre. (319). Æ.

118. IMP. CAESAR VESPASIANVS AVG. Sa tête laurée, à dr. — ℞. FORTVNA AVGVST. La Fortune debout, à g., sur un autel orné de guirlandes, tenant un gouvernail et une corne d'abondance. (172). F.D.C. Æ.

119. IMP. CAESAR VESPASIANVS AVG. Sa tête laurée, à g. — ℞. COS. VIII. Vespasien debout, à g., en habit militaire, tenant un sceptre et un rouleau, et couronné par la Victoire. (131). Æ.

120. CAESAR. VESPASIANVS AVG. Sa tête laurée, à dr. — ℞. ANNONA AVG. Femme assise, à g., tenant de la main dr. la draperie de sa robe et appuyant le bras gauche sur son siège. (27). T.B. Æ.

121. ℞. TITVS ET DOMITIAN. CAESARES PRIN. IV. Titus et Domitien assis, à g. (541). B. R.

122. Quatre deniers; revers variés. T.B. et B.

123. Quatre deniers variés. T.B. et B.

124. ℞. VICTORIA AVGVSTI. La Victoire assise, à g. *Quinaire*. B. et un autre quinaire avec la Victoire debout, à droite. *Deux pièces*. R.

125. ℞. VICTORIA AVGVSTI. S. C. La Victoire debout, à dr., écrivant sur un bouclier. (623). G.B. B.

126. Trois grands bronzes, deux moyens bronzes et un petit bronze. *Cinq pièces*. B.

TITUS

127. T. CAESAR IMP. VESP. Sa tête laurée, à g. — ℞. PONTIF. TR. POT. La Fortune debout, à g., sur un autel, tenant une corne d'abondance et un gouvernail. (165). T.B. Æ.

128. IMP. TITVS CAES. VESPASIAN. AVG. P. M. Sa tête laurée, à dr. — ℞. TR. P. VIIII IMP. XIIII. COS. VII.

Vénus debout, à dr., vue de dos, appuyée sur une colonne, tenant un casque et une haste. (267). T.B. AV.

129. ℟. Titus dans un quadrige, à dr. (395). B. AR.

130. Deniers variés. *Six pièces.* AR.

131. ℟. VICTORIA AVGVST. Victoire marchant, à dr. (356). *Quinaire.* AR.

132. ℟. PROVIDENT. AVGVST. S. C. Titus debout, présentant un globe à Vespasien. (178). B. G.B.

133. Deux grands bronzes variés.

134. Cinq moyens bronzes. T.B. B.

DOMITIEN

135. CAES. AVG. F. DOMIT. COS. Sa tête laurée et barbue, à dr. — ℟. COS. IIII. Corne d'abondance remplie de fruits. (46). T.B. AV.

136. DOMITIANVS AVGVSTVS. Sa tête laurée, à dr. — ℟. GERMANICVS COS XIIII. Esclave germaine en pleurs, assise à dr. sur un bouclier ; dessous, une haste brisée. (148). B. AV.

137. DOMITIANVS AVGVSTVS. Sa tête laurée, à dr. — ℟. GERMANICVS COS XV. Pallas debout, à g., tenant un foudre et une haste ; à terre, un bouclier. (151). F.D.C. AV.

138. CAES. AVG. F. DOMIT. COS. III. Sa tête laurée, barbue, à dr. — ℟. PRINCEPS IVVENTVT. L'Espérance debout, à g., tenant une fleur de la main dr. ; et de la g. relevant sa robe. (374). F.D.C. AV.

139. IMP. CAES DOMITIANVS AVG. P. M. Sa tête laurée, barbue, à dr. — ℟. TR. POT. II, COS. VIIII. DES. X. P. P. Pallas debout, à g., tenant une lance à deux pointes. (600). F.D.C. AV.

140. IMP. CAES. DOMITIANVS AVG. P. M. Sa tête laurée, à dr. — ℟. TR. POT. IMP. II COS. VIII. DES. VIIII. P. P. Buste casqué de Minerve, à g. (607). F.D.C. AV.

141. Quatre deniers variés. B. AR.

142. Quatre deniers variés. T.B. B. AR.

143. ℞. COS. XIV. LVD. SAEC. FEC. Prêtre salien, marchant à g. (78). Quinaire. AR.

144. Deux grands bronzes et deux moyens bronzes. *Quatre pièces.* B.

145. Trois moyens bronzes et trois petits bronzes. *Six pièces.* B.

NERVA

146. IMP. NERVA CAES. AVG. P. M. TR. P. II. COS. III. P. P. Sa tête laurée à dr. — ℞. CONCORDIA EXERCITVVM. Deux mains jointes, tenant un aigle légionnaire posé sur une proue. (33). T.B. AV.

147. IMP. NERVA CAES. AVG. P. M. TR. P. COS. III. P. P. Sa tête laurée, à dr. — ℞. SALVS PVBLICA. La Santé assise à g., tenant des épis. (133). T.B. AV.

148. ℞. AEQVITAS AVGVST. L'Equité. — ℞. COS III, etc. Instruments de sacrifice. B. — ℞. CONCORDIA EXERCITVVM. Deux mains jointes. Deux variétés. B et T.B. — ℞. FORTVNA AVGVSTI. La Fortune. — ℞. SALVS PVBLICA. La Santé. *Six pièces.* AR.

149. ℞. FISCI IVDAICI CALVMNIA SVBLATA S. C. Palmier (54). G.B.

150. ℞. PLEBEI VRBANAE FRVMENTO CONSTITVTO. S. C. Modius rempli de six épis et d'un pavot. (127). B. G.B.

151. ℞. LIBERTAS PVBLICA. La Liberté. G.B. — FORTVNA AVGVSTA. La Fortune. M. B. *Deux pièces.* B.

TRAJAN

152. IMP. TRAIANO AVG. GER. DAC. P. M. TR. P. Son buste lauré, drapé et cuirassé à dr. — ℞. ALIM ITAL (à l'exergue). COS V. P. P. S. P. Q. R. OPTIMO PRINC. Trajan debout, à g., distribuant des secours à deux enfants. (15). T.B. AV.

153. IMP. TRAIANO AVG. GER. DAC. P. M. TR. P. Son buste lauré et drapé à dr. — ℞. COS. V. P. P. S. P.

Q. R. OPTIMO. PRINC. Cérès debout, à g., tenant des épis et une torche. (65). F.D.C. AV.

154. IMP. CAES. NER. TRAIANO OPTIMO AVG. GER. DAC. Son buste lauré et drapé, à dr. — ℟. FORT. RED. (à l'exergue). P. M. TR. P. COS. VI P. P. S. P. Q. R. La Fortune assise, à g., tenant un gouvernail et une corne d'abondance. (153). F.D.C. AV.

155. IMP. TRAIANO AVG. GER. DAC. P. M. TR. P. COS. V. P. P. Son buste lauré et drapé, à dr. — ℟. S. P. Q. R. OPTIMO PRINCIPI. Trajan dans un quadrige au pas, à g., tenant un rameau et un sceptre. (493). B. AV.

156. Cinq deniers, variés. AR.

157. Cinq deniers, variés. AR.

158. Cinq deniers, variés. AR.

159. ℟. DACICVS COS V. P. P. Victoire, à dr., tenant une couronne et une palme. (132). B. *Quinaire.* — ℟. COS V. etc. Victoire marchant, à dr. *Quinaire. Deux pièces.* AR.

160. ℟. S. P. Q. R. OPTIMO PRINCIPI. Parthe assis. à g., devant un trophée. G.B. B. Sans patine. — ℟. DACIA AVGVST. PROVINCIA S C. La Dacie assise à g. G.B. B. *Deux pièces.* G.B.

161. Quatre grands bronzes, variés.

162. Quatre moyens bronzes et trois petits bronzes. B. *Sept pièces.* B.

MATIDIE

163. MATIDIA AVG. DIVAE MARCIANAE. F. Son buste diadémé à dr. — ℟. PIETAS AVGVST. Matidie, debout de face, regardant à g., et plaçant ses mains sur les têtes de Sabine et de Matidie jeune. (9). AV.

HADRIEN

164. HADRIANVS AVGVSTVS. Son buste lauré, à dr. — ℟. COS. III. Le Soleil montant dans un quadrige au galop, à g., et tenant un fouet. (293). T.B. AV.

165. HADRIANVS AVGVSTVS. Son buste lauré, drapé et cuirassé, à dr. — ℞. COS. III. Hadrien à cheval, à dr., levant la main droite. (406). B. AV.

166. IMP. CAESAR TRAIAN HADRIANVS. AVG. Son buste lauré, drapé et cuirassé, à dr. — ℞. LIB. PVB. (à l'exergue). P. M. TR. P. COS. III. La Liberté assise à g., tenant une branche de laurier et un sceptre. (902). B. AV.

167. IMP. CAESAR TRAIAN. HADRIANVS AVG. Son buste lauré et drapé, à dr. — ℞. ORIENS (à l'exergue). P. M. TR. P. COS. DES. II. Buste radié du Soleil, à dr. (1004). F.D.C. AV.

168. ℞. RESTITVTORI GALLIAE. Denier. T.B. — ℞. AEGYPTOS. Denier. B. — ℞. FORT. REDVCI. Denier B. *Trois pièces.* AR.

169. ℞. TELLVS STABIL. Denier. B. — COS. III. Hercule assis. Denier T.B. — ℞. LIBERALITAS. III. Denier. B. *Trois pièces.* AR.

170. 10 deniers d'argent. B. AR.

171. 10 deniers d'argent. B. AR.

172. 10 deniers d'argent. B. AR.

173. 10 deniers d'argent. B. AR.

174. 8 deniers d'argent. B. AR.

175. Trois quinaires variés, au revers de la Victoire. B. AR.

176. 8 grands bronzes variés. B.

177. ℞. COS. III. P. P. CLEMENTIA AVG. S. C. La Clémence debout, à g., M. B. B. — Trois moyens bronzes et un petit bronze. B. *Cinq pièces.* B.

SABINE

178. SABINA AVGVSTA. Son buste, à dr., avec la queue. — ℞. IVNONI REGINAE. Junon diadémée et voilée, debout, à g., tenant une patère et un sceptre ; à ses pieds, un paon. (46.) T.B. AV.

179. SABINA AVGVSTA. Son buste diadémé, à dr., avec la coif-

fure relevée. — R̸. VESTA. Vesta assise, à g., tenant le palladium et un sceptre. (79). F.D.C. AV.

180. R̸. CONCORDIA. Denier. B. — R̸. IVNONI REGINAE. Denier. T.B. — PVDICITIA. Denier. B. — R̸. VESTA. Denier. *Quatre pièces.* AR.

181. Grand bronze au revers de VESTA. Moyen bronze. — R̸. CONCORDIA AVG. *Deux pièces.* B.

AELIUS

182. L. AELIVS CAESAR. Sa tête nue, à dr. — R̸. CONCORD. (à l'exergue) TRIB. POT. COS. II. La Concorde assise à g., tenant une patère et une corne d'abondance. (11). T.B. AV.

183. L. AELIVS CAESAR. Sa tête nue, à g. — R̸. PIETAS TRIB. POT COS. II. La Piété debout, à dr., tenant une boîte à parfums ; à ses pieds, un autel paré et allumé. (42). B. AV.

184. R̸. CONCORD. La Concorde assise, à g. Denier. — R̸. PIETAS. La Piété sacrifiant sur un autel. Denier. B. — R̸ TR. POT. COS II. La Piété. Denier. *Trois pièces.* AR.

185. Un grand bronze. — Et un moyen bronze. *Deux pièces.*

ANTONIN

186. DIVVS ANTONINVS. Sa tête nue, à dr. — R̸. CONSECRATIO. Bûcher à quatre étages. (163). B. AV.

187. ANTONINVS AVG. PIVS P. P. TR. P. XII. Sa tête laurée, à dr. — R̸. COS. IIII. L'Équité debout, à g., tenant une balance et une corne d'abondance. (234). T.B. AV.

188. ANTONINVS AVG. PIVS P. P. TR. P. COS. III. Sa tête laurée, à dr. — R̸. IOVI STATORI. Jupiter nu debout de face, appuyé sur son sceptre et tenant un foudre. (458). F.D.C. AV.

189. ANTONINVS AVG. PIVS P. P. TR. P. XXIII. Sa tête laurée, à dr. — R̸. COS IIII (à l'exergue). VOTA SVSCEPTA DEC. III. L'empereur à g., sacrifiant sur un autel. (*Variété inédite*). B. AV.

190. ANTONINVS AVG. PIVS P. P. TR. P. COS. III. Sa tête laurée, à dr. — ℞. LIBERALITAS AVG. III. Antonin assis, à g., sur une estrade ; à côté de lui, la Libéralité ; au pied de l'estrade, un homme debout, tendant son vêtement. (485). B. AV.

191. ANTONINVS AVG. PIVS P. P. TR. P. XVI. Son buste lauré, drapé et cuirassé, à dr. — ℞. LIBERALITAS VII. COS. IIII. La Libéralité debout, à g., tenant une tessère et une baguette. (520). F.D.C. AV.

192. ANTONINVS AVG. PIVS. P. P. Sa tête laurée, à dr. — ℞. TR. POT. COS III. Rome assise, à g., tenant le palladium et une haste ; derrière elle, un bouclier. (934). F.D.C. AV.

193. Huit deniers, variés. B. R.

194. Huit deniers, variés. B. R.

195. ℞. COS. IIII. L'empereur debout, de face, tenant une couronne et une haste. B. G.B.

196. ℞. TIBERIS. Le Tibre couché, à g. G. B. B. — et deux autres G.B. *Trois pièces.*

197. Trois moyens bronzes et un petit bronze. *Quatre pièces.*

ANTONIN ET MARC AURÈLE

198. Denier d'argent. T.B.

FAUSTINE MÈRE

199. DIVA FAVSTINA. Son buste, à dr. — ℞. AETERNITAS. L'Éternité voilée, debout, à g., tenant une patère et un gouvernail. (2). F.D.C. AV.

200. DIVA FAVSTINA. Son buste, à dr. — ℞. AVGVSTA. Cérès voilée, debout, à g., tenant une torche et un sceptre. (95). F.D.C. AV.

201. DIVA FAVSTINA. Buste, à dr. — ℞. AVGVSTA. La Fortune, debout, à g., tenant une pomme et un gouvernail appuyé sur un globe. (*Inédite*). T.B. AV.

202. DIVA FAVSTINA. Son buste, à g. — ℞. AVGVSTA. Trône sur lequel est placé un sceptre. (*Variété inédite.*) B. AR.

203. DIVA AVG. FAVSTINA. Son buste voilé, à dr. — ℞. PIETAS. Denier. B., et cinq deniers variés. B. *Six pièces.* AR.

204. Cinq deniers, variés, B. AR.

205. Un grand bronze et deux moyens bronzes. *Trois pièces.*

MARC AURÈLE

206. M. ANTONINVS AVG. TR. P. XXVI. Son buste lauré, drapé et cuirassé, à dr. — ℞. IMP. VI. COS III. Marc Aurèle en habit militaire, debout, à g., tenant un foudre et une haste renversée, et couronné par la Victoire debout, qui tient une palme. (308). B. AV.

207. AVRELIVS CAESAR AVG. PII FIL. Son buste nu et drapé, à dr. — ℞. TR. POT. VII COS. II. Rome en habit militaire, debout, à g., tenant une Victoire et un parazonium. (659). F.D.C. AV.

208. AVRELIVS CAESAR ANT. AVG. PII F. Son buste nu et drapé, à dr. — ℞. TR. POT. XII. COS. II. Apollon debout, à g., en habit de femme tenant une patère et une lyre. (724). F.D.C. AV.

209. AVRELIVS CAESAR AVG. PII F. Son buste nu et drapé, à dr. — ℞. TR. POT. XIII. COS. II. La Valeur debout, à dr., posant le pied sur un casque et tenant une haste et un parazonium. (745). T.B. AV.

210. ANTONINVS AVG. ARMENIACVS. Son buste lauré, drapé et cuirassé, à dr. — ℞. P. M. TR. P. XVIII. IMP. II. COS. III. Victoire debout, à dr., attachant à un palmier un bouclier sur lequel on lit : VIC. AVG. (*Inédite*). F.D.C. AV.

211. 4 deniers, variés. B. AR.

212. 4 deniers, variés. B. AR.

213. ℞. RESTITVTORI ITALIAE. IMP. VI. COS. III S. C. (*Variété du n° 538*) B. G.B,

214. Trois grands bronzes. B.

215. ℟. VOTA PVBLICA. M.B., et deux autres moyens bronzes. B. *Trois pièces:*

FAUSTINE JEUNE

216. FAVSTINA AVGVSTA. Son buste, à g. — ℟. AVGVSTI PII FIL. Diane debout, à g., tenant un arc et une flèche. (19). T.B. AV.

217. FAVSTINA AVG. PII AVG. FIL. Son buste, à g. — ℟. CONCORDIA. Colombe, à dr. (60). F.D.C. AV.

218. FAVSTINAE AVG. PII AVG. FIL. Son buste diadémé, à dr. — ℟. LAETITIAE PVBLICAE. La Joie debout, à g., tenant une couronne et un sceptre. (156). T.B. AV.

219. FAVSTINA AVGVSTA. Son buste à dr., les cheveux ondés. — ℟. SALVTI AVGVSTAE. La Santé assise, à g., nourrissant un serpent enroulé autour d'un autel. (198). T.B. AV.

220. Cinq deniers, variés. B. AR.

221. Deux grands bronzes et deux moyens bronzes. B. *Quatre pièces.*

LUCIUS VERUS

222. IMP. CAES. L. AVRELIVS VERVS AVG. Sa tête laurée, à dr. — CONCORDIAE AVGVSTOR. TR. P. COS. II. Lucius Verus et Marc Aurèle debout, se donnant la main. (45.) B. AV.

223. L. VERVS AVG. ARM. PARTH. MAX. Son buste lauré, drapé et cuirassé, à dr. — ℟. CONG. AVG. IIII. TR. P. VII. IMP. IIII. COS. III. La Libéralité debout, à g., tenant une tessère et une corne d'abondance. (52). B. AV.

224. L. VERVS AVG. ARM. PARTH. MAX. Son buste lauré, drapé et cuirassé, à dr. — ℟. FORT. RED. TR. P. VIII. IMP. V. COS. III. La Fortune assise, à g., tenant un gouvernail et une corne d'abondance. (110). T.B. AV.

225. IMP. CAES. L. AVREL. VERVS AVG. Sa tête nue, à dr. — ℟. LIB. AVGVSTOR. TR. P. COS. II. Lucius Vérus et Marc Aurèle assis sur une estrade placée à g.; devant, un soldat tenant une tessère et une haste; au pied, une figure debout. (*Variété du n° 116.*) T.B. AV.

226. L. VERVS AVG. ARM. PARTH. MAX. Son buste lauré, drapé et cuirassé, à dr. — ℞. TR. P. VII. IMP. IIII. COS. III. Victoire debout, à g., tenant une couronne et une palme. (294). T.B. AV.

227. ℞. ARMEN. L'Arménie. Denier. B. — ℞. CONSECRATIO. Bûcher. Denier. B. — CONSECRATIO. Aigle. Denier. *Trois pièces.* AR.

228. Cinq deniers, variés. B. AR.

229. Trois grands bronzes. B., et un moyen bronze. B. *Quatre pièces.*

LUCILLE

230. LVCILLAE AVG. ANTONINI AVG. F. Son buste, à dr. — ℞. PIETAS. La Piété, voilée, tenant une boîte à parfums, assise à g., auprès d'un autel paré et allumé. (56). B. AV.

231. LVCILLAE AVG. ANTONINI AVG. F. Son buste, à dr. — ℞. VENVS. Vénus debout, à g., tenant une pomme et un sceptre. (69). F.D.C. AV.

232. ℞. VOTA PVBLICA. Dans une couronne de laurier. Denier. (98). B. AR.

233. Cinq deniers, variés. B. AR.

234. Deux grands bronzes et un moyen bronze. B. *Trois pièces.*

COMMODE

235. L. AVREL. COMMODVS AVG. Son buste imberbe lauré, drapé et cuirassé, à dr. — ℞. TR. P. III. IMP. II COS. P. P. Castor debout, à g., devant son cheval qu'il tient par la bride, et portant une haste de la main gauche. (760). T.B. AV.

236. M. ANTONINVS COMMODVS AVG. Son buste lauré, drapé et cuirassé, à dr. — ℞. VIRT. AVG. TR. P. VII. IMP. IIII. COS. III. P. P. Commode galopant, à dr., et dirigeant son javelot contre un lion. (959). B. AV.

237 ℞. CONCORDIAE COMMODI AVG. La Concorde marchant, à g., tenant une patère et un sceptre. Denier. (43). B. AR.

238. ℟. P. M. TR. P. VIIII. IMP. VI COS. III. P. P. Victoire écrivant sur un bouclier. Denier. B., et quatre deniers, variés. B. *Cinq pièces.* AR.

239. Quatre grands bronzes, variés. B.

240. Quatre moyens bronzes, variés.

CRISPINE

241. CRISPINA AVGVSTA. Son buste, à dr. — ℟. VENVS FELIX. Vénus assise, à g., tenant une Victoire et un sceptre ; sous le siège, une colombe. (39). B. AV.

242. CRISPINA AVGVSTA. Buste, à dr. — ℟. DIS GENITALIBVS. Autel allumé. (15). B. AR., et un moyen bronze. *Deux pièces.* AR. et B.

PERTINAX

243. IMP. CAES. P. HELV. PERTIN. AVG. Sa tête laurée, à dr. — ℟. AEQVIT. AVG. TR. P. COS. II. L'Équité debout, à g., tenant une balance et une corne d'abondance. (1). T.B. AV.

DIDE JULIEN

244. IMP. CAES. M. DID. IVLIAN. AVG. Sa tête laurée, à dr. — ℟. P. M. TR. P. COS. La Fortune debout, à g., tenant un gouvernail posé sur un globe et une corne d'abondance. (8). Magnifique exemplaire et d'un grand module. F.D.C. AV.

245. IMP. CAES. M. DID. IVLIAN AVG. Sa tête radiée, à dr. — ℟. P. M. TR. P. COS. II. La Fortune debout, à g. (13). M.B.

ALBIN

246. IMP. CAE. D. CLO. SEP. ALB. AVG. Sa tête laurée, à dr. — ℟. FIDES LEGION. COS. II. Deux mains jointes tenant un aigle légionnaire. (22). Denier. T.B. et un grand bronze. *Deux pièces.* AR. et B.

SEPTIME SÉVÈRE

247. IMP. CAE. L. SEP. SEV. PERT. AVG. Sa tête laurée, à dr. — ℞. VIRT. AVG. TR. P. COS. Rome en habit militaire, debout, à g., tenant une Victoire et une haste la pointe en bas. (751). T.B. AV.

248. Cinq deniers, variés. B.

249. Cinq deniers, variés. B.

250. Deux moyens bronzes, variés.

JULIA DOMNA

251. ℞. VENVS GENITRIX. Denier. B., et trois autres deniers. B. *Quatre pièces.* AR.

252. Un grand bronze et deux moyens bronzes, variés. *Trois pièces.*

CARACALLA

253. ANTONINVS PIVS AVG. GERM. Son buste lauré, drapé et cuirassé, à dr. ℞. P. M. TR. P. XVII. IMP. III. COS. IIII. P. P. Pluton, coiffé du modius, assis, à g., tenant un sceptre; devant lui, Cerbère. (253). B. AV.

254. ℞. FIDES MILITVM. Trois enseignes militaires. Denier. B., et deux autres deniers variés. *Trois pièces.* AR.

255. ℞. VENVS VICTRIX. Denier, grand module. B., et trois autres deniers. B. *Quatre pièces.* AR.

256. ℞. P. M. TR. P. XX COS. IIII. P. P. Diane dans un char traîné par deux taureaux, à g. M.B. B. plus un grand bronze et un moyen bronze. *Trois pièces.*

PLAUTILLE

257 ℞. CONCORDIA AVGG. La Concorde debout, à g., tenant une patère et un sceptre. Denier. (1). T.B. — ℞. CONCORDIA FELIX. Caracalla et Plautille se donnant la main. Denier. (12). T.B. *Deux pièces.* AR.

GÉTA

258. ℟. NOBILITAS. Denier. (89). B. — ℟. PONTIF. COS. (114). T.B. — ℟. PRINC. IVVENT. (157). B., et un moyen bronze. *Quatre pièces.* Æ. et B.

MACRIN

259. ℟. PONTIF. MAX. TR. P. COS. P. P. S. C. Jupiter, à g., tenant un foudre. Denier. B., et un moyen bronze. *Deux pièces.* Æ. et B.

DIADUMENIEN

260. ℟. PRINC. IVVENTVTIS. Diaduménien de face, tenant une enseigne militaire; derrière lui, deux autres enseignes. Denier. (3). T.B., et un moyen bronze, au même type. *Deux pièces.* Æ. et B.

261. ℟. SPES PVBLICA. L'Espérance marchant, à g., tenant une fleur et relevant sa robe. Denier. (*Variété du n° 21.*) B. Æ.

ELAGABALE

262. IMP. CAES. M. AVR. ANTONINVS AVG. Son buste lauré, drapé et cuirassé, à dr. — ℟. VICTOR ANTONINI AVG. Victoire courant, à dr., tenant une couronne et une palme. (288). T.B. AV.

263. ℟. IOVI CONSERVATORI. Jupiter debout, devant deux enseignes militaires. Grand denier. B. et cinq autres deniers. B. *Six pièces.* Æ.

264. Un grand bronze et un moyen bronze. *Deux pièces.*

JULIA PAULA

265. IVLIA PAVLA AVG. Son buste, à dr. ℟. CONCORDIA. La Concorde assise, Denier. (6). T.B., et un autre denier. *Deux pièces.* Æ.

AQUILIA SEVERA

266. IVLIA AQVILIA SEVERA. Son buste diadémé, à dr. — ℟. CONCORDIA. La Concorde debout, auprès d'un autel. (5). B. M.B.

SOÉMIAS

267. ℟. VENVS CAELESTIS. Vénus diadémée assise, à g.; à ses pieds, un enfant. (14). Denier. *Deux variétés.* B. et T.B. Æ.

JULIA MAESA

268. ℟. PVDICITIA. Denier. B. — ℟. PIETAS AVG. Denier. B. — ℟. SAECVLI FELICITAS. Denier. B.
Trois pièces. Æ.

ALEXANDRE SÉVÈRE

269. IMP. C. M. AVR. SEV. ALEXAND. AVG. Son buste lauré, drapé et cuirassé, à dr. — ℟. P. M. TR. P. COS. P. P. Alexandre dans un quadrige, au pas, à g., tenant un rameau et un sceptre. (225) T.B. AV.
270. Cinq deniers, variés. B. Æ.
271. Cinq deniers, variés. B. Æ.
272. Deux grands bronzes et deux moyens bronzes. *Quatre pièces.*

ORBIANE

273. SALL. BARBIA ORBIANA AVG. Son buste diadémé, à dr. — ℟. CONCORDIA AVGG. La Concorde assise, à g. (1). Denier. Æ.

JULIA MAMEA

274. Trois deniers variés. B. — Un grand bronze, et un moyen bronze. *Cinq pièces.* Æ. et B.

MAXIMIN

275. Quatre deniers, variés. B. Æ.

276. ℞. VICTORIA GERMANICA. La Victoire, à g.; à ses pieds, un captif. G. B. B., et trois autres G. B. et un moyen bronze. *Quatre pièces.*

MAXIME

277. MAXIMVS CAES. AVG. Son buste nu, à dr. — ℞. PRINC. IVVENTVTIS. Maxime debout, à g., tenant une baguette et une haste; derrière lui, deux enseignes militaires. (10). Denier. B. AR.

278. ℞. PRINCIPI IVVENTVTIS. Grand bronze. — ℞. PIETAS AVG. Moyen bronze. *Deux pièces.*

BALBIN

279. ℞. FIDES MVTVA AVGG. Deux mains jointes. (6). Denier. B. — ℞. PROVIDENTIA DEORVM. La Providence debout, à g. (23). Denier. B. *Deux pièces.* AR.

280. Deux grands bronzes, variés. B.

PUPIEN

281. ℞. AMOR MVTVVS AVGG. Deux mains jointes. Denier. B. et un grand bronze. *Deux pièces.* AR. et B.

GORDIEN III

282. IMP. GORDIANVS PIVS FEL. AVG. Son buste lauré et drapé, à dr. — ℞. AETERNITATI AVG. Le Soleil debout, à g., radié, à demi nu, levant la main dr. et tenant un globe. (37). F.D.C. AV.

283. Cinq deniers de billon, variés. B.

284. Quatre deniers de billon, variés. B.

285. Quatre grands bronzes, variés. B.

TRANQUILLINE

286. Potin d'Alexandrie. ℞. L. Z. Aigle éployé.

PHILIPPE PÈRE

287. ℟. FELICITAS IMPP. Dans une couronne de laurier. (39). Denier. T.B. — ℟. PAX FVNDATA CVM PERSIS. La Paix debout, à g. (113). Denier. T.B. *Deux pièces.* BIL.
288. Six deniers de billon, variés. B.
289. Six deniers de billon, variés. B.
290. Deux grands bronzes et un moyen bronze. B. *Trois pièces.*

OTACILIE

291. Deux deniers de bill., variés. B. ℟. CONCORDIA AVG. G.B. *Deux pièces.* B. et T.B. — ℟. SAECVLARES AVG. Cippe M.B. B. *Cinq pièces.* Æ. et B.

PHILIPPE FILS

292. Deux deniers de bill., variés. B., deux grands bronzes et un moyen bronze. B. *Cinq pièces.* BIL. et B.

TRAJAN DÈCE

293. IMP. C. M. Q.TRAIANVS DECIVS AVG. Son buste lauré et cuirassé, à dr. — ℟. PANNONIAE. Les deux Pannonies voilées, debout, se tournant le dos et tenant chacune une enseigne militaire. (85). B. AV.
294. Deux deniers de bill. variés. B. — Trois grands bronzes et un moyen bronze. B. *Six pièces.* BIL. et B.

ETRUSCILLE

295. HER. ETRVSCILLA AVG. Son buste diadémé, à dr. — ℟. PVDICITIA AVG. La Pudeur debout, à g., relevant son voile, et tenant un sceptre transversal. (16). T.B. AV.
296. ℟. PVDICITIA AVG. Denier de bill. T.B. Même type, grand bronze. B. *Deux pièces.*

HERENNIUS ETRUSCUS

297. Quatre deniers de bill. variés. B. et T.B.

298. ℟. PIETAS AVGG. Mercure debout, à g., tenant une bourse et un caducée. (12). B. G.B.

HOSTILIEN

299. ℟. PRINCIPI IVVENTVTIS. Denier bill. B. — ℟. MARTI PROPVGNATORI. Denier bill. *Deux pièces.* BIL.

TRÉBONIEN GALLE

300. Cinq deniers de bill., variés. B., et deux grands bronzes. *Sept pièces.* BIL. et B.

VOLUSIEN

301. Trois deniers de bill. variés. B. et T.B.

EMILIEN

302. ℟. APOL. CONSERVAT. Apollon debout, à g. Denier; bill. T.B. — ℟. PACI AVG. La Paix debout à g. Denier; bill. T.B. — ℟. P. M. TR. P. I. P. P. Emilien debout, tenant une enseigne. Denier billon. B. *Trois pièces.*

VALÉRIEN père.

303. Deux deniers de billon, variés. B.

MARINIANA

304. ℟. CONSECRATIO. Paon enlevant Mariniana au ciel. Denier de bill. B. *Deux pièces.*

GALLIEN

305. Cinq deniers de billon, variés. B.

306. Sept deniers de bas billon et un grand bronze. *Huit pièces.* BIL. et B.

SALONINE

307. Trois pièces de billon et un moyen bronze. *Quatre pièces.*

SALONIN

308. ℞. VICTORIA PARTH. Denier bill. B. et cinq autres deniers en billon. *Six pièces.*

VALÉRIEN jeune

309. ℞. DEO VOLKANO. Denier bill. ℞. VIRTVS AVG. Denier billon. *Deux pièces.*

MACRIEN

310. ℞. IOVI CONSERVATORI. Jupiter assis, à g. Billon. (8). B.

QUIETUS

311. ℞. APOLLINI CONSERVA. Apollon nu, debout, à g. (3). BIL.

POSTUME

312. ℞. IOVI STATORI. Le buste de l'empereur, à g., avec la massue et la peau du lion. — ℞. PACATOR ORBIS. Buste radié du Soleil, à g. B. — Deux deniers billon.

313. Sept deniers variés, billon. B. et T.B. — Plus un grand bronze. *Huit pièces.*

LÉLIEN

314. ℞. AVG. VICTORIA Victoire courant, à dr. (4). P.B.

VICTORIN

315. Six petits bronzes.

MARIUS

316. Petits bronzes, deux pièces.

TÉTRICUS père

317. Petits bronzes; deux pièces. Tétricus fils; petits bronzes, deux pièces. *Quatre pièces.*

CLAUDE II

318. Cinq petits bronzes, variés.

QUINTILLE

319. Quatre petits bronzes, variés. B.

AURÉLIEN

320. IMP. C. AVRELIANVS AVG. Son buste lauré et cuirassé, à dr. — ℞. RESTITVTOR ORIENTIS. Le Soleil debout, à g., à demi nu, levant la main dr. et tenant un globe. (214). B. Æ.

321. ℞. CONCORDIA AVG. Aurélien et Séverine se donnant la main (35). M.B. — ℞. VICTORIA AVG. Victoire marchant, à g. (255). Petit bronze. *Deux pièces.* B. et T.B.
Trois pièces. B.

322. Quinze petits bronzes, variés. B. et T.B.

SÉVERINE

323. ℞. IVNO REGINA. Junon debout, à g. ; à ses pieds un paon. (9). Moyen bronze. B. — Et trois petits bronzes.
Quatre pièces.

AURÉLIEN ET VABALATHE

324. ℞. VABALATHVS VCRIMDC. Son buste lauré et drapé, à dr. (1). Petit bronze. T.B.

TACITE

325. IMP. C. M. CL. TACITVS AVG. Son buste radié et cuirassé, à dr., tenant l'aigle romaine. — ℞. ROMAE AETERNAE. Petit bronze. T.B. — Et onze autres petits bronzes. B. et T.B. *Douze pièces.*

FLORIEN

326. Deux petits bronzes, variés. B.

PROBUS

327. IMP. C. M. AVR. PROBVS. P. AVG. Son buste casqué, à g., tenant une haste et un bouclier. — ℞. VICTORIAE

AVG. Victoire dans un quadrige au pas, à gauche, tenant une couronne et une palme. (781). (Trou rebouché). B. AV.

328. Neuf petits bronzes, variés. B. et T.B.

CARUS

329. Quatre petits bronzes, variés. B.

NUMÉRIEN

330. Deux petits bronzes. B.

CARINUS

331. M. AVR. CARINVS NOB. CAES. Son buste lauré et cuirassé, à dr. — ℟. VICTORIA AVG. Victoire debout, à gauche, sur un globe tenant une couronne et un trophée. (139). (Trou rebouché). T.B. AV.

332. ℟. VIRTVS. AVG. Mars debout, à g., tenant un bouclier et une haste. Petit bronze de petit module. B. — Et deux autres petits bronzes. B. *Trois pièces.*

MAGNIA URBICA

333. MAGN. VRBICA AVG. Son buste à dr. — ℟. VENVS VICTRIX. Vénus debout, à g. (17). T. B. P.B.

DIOCLÉTIEN

334. IMP. C. C. VAL DIOCLETIANVS P. F. AVG. Son buste lauré et drapé à dr. — ℟. ROMAE AETERNAE. Rome assise, à g., tenant une Victoire debout sur un globe et une haste; derrière elle, un bouclier. (431). (Trou rebouché). B. AV.

335. DIOCLETIANVS AVG. Sa tête laurée, à dr. — ℟. VICTORIA SARMAT. Quatre soldats sacrifiant devant la porte d'un camp. (488). Denier. B. AR.

336. Trois moyens bronzes et cinq petits bronzes. B. *Huit pièces.*

MAXIMIEN HERCULE

337. MAXIMIANVS AVGVSTVS. Sa tête laurée, à dr. — R̸. CONSVL. IIII. P. P. PRO. COS. Maximien lauré en toge, debout, à g. tenant un globe ; à l'ex., S. MAZ. (80). (Trou rebouché.) B. AV.

338. Deux moyens bronzes et six petits bronzes, variés. B. *Huit pièces.*

CARAUSIUS

339. R̸. AEQVITAS AVG. L'Equité debout, à g. — R̸. PAX AVG. La Paix debout, à g. B. — R̸. FORTVNA AVG. La Fortune debout, à g. B. Trois petits bronzes.

ALLECTUS

340. R̸. PROVIDENTIA AVG. La Providence debout, à g. (51). B. P.B.

CONSTANCE CHLORE

341. R̸. VICTORIA SARMAT. Quatre soldats sacrifiant devant la porte d'un camp. Denier. R.

342. Un moyen bronze et quatre petits bronzes dont deux B. *Cinq pièces.*

HÉLÈNE

343. R̸. SECVRITAS REIPVBLICE. Petit bronze. Trois variétés. B. et T.B. — THEODORA. — R̸. PIETAS ROMANA. *Quatre pièces.* P.B.

MAXIMIEN GALÈRE

344. R̸. VIRTVS MILITVM. Quatre soldats sacrifiant devant la porte d'un camp. Denier. B. R.

345. Un moyen bronze et trois petits bronzes. B. *Quatre pièces.*

GALERIA VALERIA

346. R̸. VENERI VICTRICI. Moyen bronze.

SÉVÈRE II

347. Deux moyens bronzes. B. — Et un petit bronze de petit module. *Trois pièces.*

MAXIMIN DAZA

348. MAXIMINVS NOB. C. Buste lauré, à dr. — ℟. PRINCIPI IVVENTVTIS. Maximin en habit militaire, debout, à g., tenant un globe et un sceptre long; derrière lui, deux enseignes militaires ; dans le champ, Z ; à l'ex., SM. SD. (142). F.D.C. AV.

349. ℟. GENIO AVGVSTI CMH. Moyen bronze B. — ℟. VOT. X. CAESS. Très petit bronze. B. — Et trois autres moyens et petits bronzes. *Cinq pièces.*

350. Un moyen bronze. B. — Et trois petits bronzes. *Quatre pièces.*

MAXENCE

351. Un moyen et trois petits bronzes, variés. B.

ROMULUS

352. Petit bronze. LICINIVS PÈRE, deux moyens bronzes. B. — Et quatre petits bronzes. B. — LICINIVS FILS. Deux petits bronzes. B. *Huit pièces.*

CONSTANTIN I LE GRAND

353. CONSTANTINVS. P. F. AVG. Sa tête laurée, à dr. — ℟. VIRTVS AVGVSTI N. Constantin galopant, à dr., et lançant un javelot contre un ennemi à genoux qui a perdu son bouclier ; sous les pieds du cheval, un ennemi mort ; à l'exergue, P. TR. (682). T.B. AV.

354. Moyens et petits bronzes. Dix pièces variées. B. et T.B. — Constantinople et Rome. Huit petits bronzes, variés. *Dix-huit pièces.* B.

FAUSTA

355. ℟. SPES REIPVBLICAE. Petit bronze. B. — CRISPVS. Six petits bronzes. B. et T.B. *Sept pièces.*

DELMATIUS

356. Un petit bronze. CONSTANTIN II. — ℟. ROMAE AETERNAE. Petit bronze. B. — Et six petits bronzes. B. et T.B. *Huit pièces.*

CONSTANT I

357. FL. IVL. CONTANS P. F. AVG. Son buste diadémé, drapé et cuirassé, à dr. — ℟. OB. VICTORIAM TRIVMFALEM. Deux Victoires debout, tenant une couronne dans laquelle on lit VOT. X. MVLT. XV. A l'exergue, SMAQ. (88). B. AV.

CONSTANT

358. Quatre petits bronzes, variés. B.

CONSTANCE II

359. FL. IVL CONSTANTIVS PERP. AVG. Son buste, de face. — ℟. GLORIA REIPVBLICAE. Rome et Constantinople tenant un bouclier sur lequel on lit : VOT. XXX. MVLT XXXX. Ex. SMNT. (112). AV.

360. FL. IVL. CONSTANTIVS PERP. AVG. Son buste de face. — ℟. GLORIA REIPVBLICAE. Rome et Constantinople, tenant un bouclier sur lequel on lit VOT. XXXV MVLT XXXX. A l'ex., SIRM. (124). T.B. AV.

361. ℟. VOTIS XXX MVLTIS XXXX, dans une couronne de laurier. Denier. B. AR.

362. Moyens et petits bronzes. Treize pièces variées. B. et T.B.

VÉTRANIO

363. ℟. HOC SIGNO VICTOR ERIS. Vétranio debout, à g., tenant le labarum couronné par la Victoire. (7). M.B.

MAGNENCE

364. IM. CAE. MAGNENTIVS. AVG. Son buste nu, à dr., avec le paludament. — ℟. VICTORIA AVG. LIB. ROMANOR. La Victoire et la Liberté tenant ensemble un trophée. (15). AV.

*

365. Un moyen bronze et deux petits bronzes. DECENCE, un moyen bronze. B. — et un petit bronze. B. — CONSTANCE GALLE, un moyen bronze. *Six pièces.* T.B.

CONSTANCE GALLE

366. D. N. FL. CL. CONSTANTIVS NOB. CAES. Son buste nu, à dr., avec le paludament. — ℟. GLORIA REIPVBLICAE. Rome et Constantinople, assises de face, tenant un bouclier sur lequel on lit : VOTIS. V. Ex., SMNT (8). F.D.C. AV.

JULIEN L'APOSTAT

367. D. N. IVLIANVS NOB. CAES. Son buste imberbe, nu, à dr. avec le paludament. — ℟. GLORIA REIPVBLICAE. Rome et Constantinople, assises de face, soutenant un bouclier sur lequel est une étoile. Ex., SMANZ. (8). T.B. AV.

368. FL. CL. IVLIANVS P. P. AVG. Son buste barbu diadémé, à dr., avec le paludament et la cuirasse. — ℟. VIRTVS EXERCITVS ROMANORVM. Julien, en habit militaire, traînant par les cheveux un captif. (25). T.B. AV.

369. Deux deniers d'argent, un B. — l'autre de fabrique barbare, un grand bronze. B. — Et un petit bronze. B. *Quatre pièces.* AR. et B.

JOVIEN

370. D. N. IOVIANVS. P. F. P. AVG. Son buste diadémé, à dr., avec le paludament. — ℟. SECVRITAS REIPVBLICE. Jovien debout, à g., tenant le labarum et un globe; à ses pieds, un captif. (3). T.B. AV.

371. ℟. VOT. V. MVLT. X. Dans une couronne de laurier ; denier. B. — Et un petit bronze au même type *Deux pièces.* AR. et B.

VALENTINIEN I

372. D. N. VALENTINANVS P. F. AVG. Son buste lauré, à dr., avec le paludament. — ℟. RESTITVTOR REIPVBLICAE. Valentinien debout, tenant un étendard et une Victoire. Ex., KONST. (26). AV.

373. ℟. VOT. V. MVLT. X. Dans une couronne de laurier. Denier. B. AR.

VALENS

374. D. N. VALENS PER. F. AVG. Son buste diadémé, à dr., avec le paludement. — ℟. RESTITVTOR REIPVBLICAE. Valens, en habit militaire, tenant le labarum et un globe surmonté d'une Victoire. A l'ex., ANTΘ. (35). R. AV.

375. D. N. VALENS P. F. AVG. Son buste diadémé, à dr. — ℟. VICTORIA AVG. Valens et Valentinien I assis, de face, soutenant un globe; derrière eux, la Victoire; à l'ex., TROBS. (43). B. AV.

376. ℟. VOT X MVLT XX. Dans une couronne. Denier. B. — ℟. VRBS ROMA. Rome assise, à g. Denier. B. *Deux pièces.* AR.

GRATIEN

377. D. N. GRATIANVS P. F. AVG. Son buste diadémé, à dr., avec le paludament. — ℟. PRINCIPIVM IVVENTVTIS. Gratien, en habit militaire, à dr., tenant une haste transversale et un globe; à l'ex., CONS. (21). T.B. AV.

378. D. N. GRATIANVS. P. F. AVG. Son buste diadémé, à dr., aveç le paludament. — ℟. VICTORIA AVGG. Gratien et Valentinien jeune, assis, de face, soutenant un globe; entre eux, la Victoire; à l'ex., TROB. (24). T.B. AV.

379. ℟. VIRTVS ROMANORVM. Denier. B. — ℟. VRBS ROMA. Denier. T.B. — Plus un moyen bronze. T.B. — et un petit bronze. *Quatre pièces.* AR. et B.

VALENTINIEN II

380. D. N. VALENTINIANVS. P. F. AVG. Son buste diadémé, à dr., avec le paludament. — ℟. CONCORDIA AVGGG. Rome assise, tenant un bouclier sur lequel on lit : VOT XV MVLT. XX; à l'ex., CONOB. (14). B. AV.

381. D. N. VALENTINIANVS P. F. AVG. Son buste diadémé, à dr., avec le paludament. — ℟. VICTORIA AVGG. Valentinien et Gratien assis, de face, soutenant un globe;

derrière eux, la Victoire ; dans le champ, TR. ; à l'ex., CON. (17). T.B. AV.

382. ℞. VRBS ROMA. Rome assise, à g. Denier. T.B. AR.

THÉODOSE I

383. D. N. THEODOSIVS P. F. AVG. Son buste, lauré, à dr., avec le paludament. — ℞. CONCORDIA AVGGG. P. Rome assise, de face, tenant une haste et un bouclier sur lequel on lit : VOT. X MVLT XV ; à l'ex., CONOB. (14). B. AV.

384. D. N. THEODOSIVS P. F. AVG. Son buste diadémé, à dr., avec le paludament. — ℞. VICTORIA AVGG. Théodose et Valentinien II assis, de face ; entre eux, la Victoire ; dans le champ, MD ; à l'ex., CON. (19). T. B. AV.

385. Deux deniers d'argent, variés. B.

FLACCILLE

386. ℞. SALVS REIPVBLICAE. Flaccille debout, de face, se croisant les mains sur la poitrine. B. M.B.

MAGNUS MAXIMUS

387. D. N. MAG. MAXIMVS P. F. AVG. Son buste diadémé, à dr., avec le paludament. — ℞. RESTITVTOR REIPVBLICAE. Maxime debout, de face, tenant le labarum et un globe surmonté d'une Victoire ; à l'ex., SM. TR. (6). F.D.C. AV.

388. ℞. VIRTVS ROMANORVM. Rome assise, de face. Denier. B. — ℞. SPES ROMANORVM. Petit bronze quinaire. B. VICTOR. — ℞. SPES. Petit bronze quinaire. *Trois pièces.* AR. et B.

EUGÈNE

389. ℞. VIRTVS ROMANORVM. Rome assise, à g. Denier. B. AR.

HONORIUS

390. D. N. HONORIVS P. F. AVG. Son buste diadémé, à dr., avec le paludament. — ℞. VICTORIA AVGGG. Hono-

rius debout, à dr., mettant le pied sur un captif et tenant le labarum. Dans le champ, RV; à l'ex., CONOB. (21). T.B. AV.

391. D. N. HONORIVS. P. F. AVG. Son buste, de face, tenant une haste et un bouclier. — ℟. Deux femmes casquées, assises sur des cuirasses, tenant une couronne dans laquelle on lit : VOT. XXX MVLT. XXXX. Dans le champ, RV; à l'ex., CONOB. (40). B. AV.

392. Deux deniers, variés. B. AR.

GALLA PLACIDIA

393. D. N. GALLA PLACIDIA P. F. AVG. Son buste diadémé, à dr., couronné par une main qui vient d'en haut et portant le monogramme du Christ sur l'épaule. — ℟. VOT XX MVLT XXX. Victoire debout à g., tenant une croix; dans le champ, une étoile et R. V; à l'ex., COMOB. (10). B. AV.

CONSTANTIN III

394. D. N CONSTANTINVS. P. F. AVG. Son buste diadémé, à dr., avec le paludament et la cuirasse. — ℟. VICTORIA AVGGG. Constantin debout, à dr., posant le pied sur un captif et tenant le labarum; à l'ex., TROBS. (3). F.D.C. AV.

395. ℟. VICTORIA AVGGG. Rome assise, à g. (2). Denier. AR.

JOVIN

396. D. N. IOVINVS P. F. AVG. Son buste diadémé, à dr., avec le paludament. — ℟. RESTITVTOR REIP. Jovin debout, à dr., tenant un étendard et posant le pied gauche sur un captif couché; dans le champ, TR; à l'ex., COMOB. (1). T.B. AV.

PRISCUS ATTALUS

397. PRISCVS ATTALVS P. F. AVG. Son buste diadémé, à dr., avec le paludament. — ℟. INVICTA ROMA AETERNA. Rome assise, de face, tenant une Victoire et un sceptre; dans le champ, RM, et une étoile; à l'ex., CONOB. (3). AV.

JEAN

398. D. N. IOHANNES. P. F. AVG. Son buste diadémé, à dr., avec le paludament et la cuirasse. — ℞. VICTORIA AVGVSTORVM. Victoria marchant, à dr., tenant une couronne et un globe surmonté d'une croix ; dans le champ, RV ; à l'ex., CONOB. (6). Tiers de sou. B. AV.

VALENTINIEN III

399. D. N. PLA. VALENTINIANVS P. F. AVG. Son buste diadémé, à dr., avec le paludament. — ℞. VICTORIA AVGGG. Valentinien debout, de face, posant le pied sur la tête d'un dragon ; dans le champ, RV ; à l'ex., CONOB. (12). B. AV.

400. D. N. PLA. VALENTINIANVS P. AVG. Son buste diadémé, à dr., avec le paludament. — ℞. Croix dans une couronne de laurier ; à l'ex., CONOB. (27). Tiers de sou. AV.

401. D. N PL. VALENTINIANVS P. F. AVG. Son buste diadémé, à g. — ℞. VRBS ROMA. Rome assise, à g. AR.

MAJORIEN

402. D. N. IVLIVS MAIORIANVS P. F. AVG. Son buste casqué, à dr., tenant une haste et un bouclier. — ℞. VICTORIA AVGGG. Majorien, de face, mettant le pied sur la tête d'un dragon ; dans le champ, AR ; à l'ex., CONOB. (1). T.B. AV.

LIBIUS SÉVÈRE

403. D. N. LIBIVS SEVERVS P. F. AVG. Son buste diadémé, à dr., avec le paludament et la cuirasse. — ℞. VICTORIA AVGGG. Sévère debout, de face, posant le pied droit sur la tête d'un dragon. (6). T.B. AV.

ANTHEMIUS

404 D. N. PROC. ANTHEMIVS P. F. AVG. Son buste dia-

démé, à dr., avec le paludament. — ℞. SALVS. REIPV-BLICAE. Anthemius et Léon, soutenant une croix ; dans le champ, RV ; à l'ex., CONOB. (8). Fabrique barbare.
B. AV.

405. D. N. ANTHEMIVS P. F. AVG. Son buste diadémé, à dr., avec le paludament. — ℞. Croix dans une couronne ; à l'ex., CONOB. (16). Tiers de sou. B. AV.

JULES NEPOS

406. D. N. IVI NIPOS. P. F. AG. Son buste lauré, à dr., avec le paludament. — ℞. Croix dans une couronne ; à l'ex., CONOB. (14). Tiers de sou. Fabrique barbare.
B. AV.

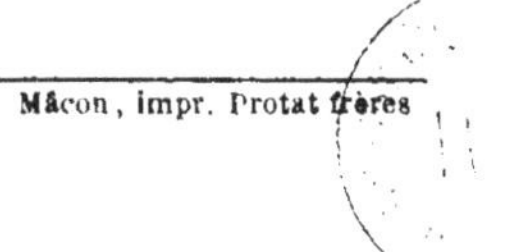
Mâcon, impr. Protat frères

Mâcon, imprimerie Protat frères

www.ingramcontent.com/pod-product-compliance
Ingram Content Group UK Ltd.
Pitfield, Milton Keynes, MK11 3LW, UK
UKHW021101270726
13994UKWH00009B/1724